Leserabe

1. Lesestufe

Gina Mayer

Ein Hund für Jule

Mit Bildern von Gerhard Schröder

Mildenberger Verlag
Ravensburger

Bibliografische Information der Deutschen Nationalbibliothek:

Die Deutsche Nationalbibliothek verzeichnet diese Publikation
in der Deutschen Nationalbibliografie.
Detaillierte bibliografische Daten sind im Internet
über http://dnb.d-nb.de abrufbar.

MIX
Papier | Fördert gute Waldnutzung
FSC® C111262

1 3 5 4 2

Ravensburger Leserabe

Mildenberger Verlag GmbH, Postfach 20 20, 77610 Offenburg und
Ravensburger Verlag GmbH, Postfach 24 60, 88194 Ravensburg
Umschlagbild: Gerhard Schröder
Fachberatung: Dr. Birgitta Reddig-Korn

Printed in Germany
ISBN 978-3-619-14633-8
(für die gebundene Ausgabe im Mildenberger Verlag)
ISBN 978-3-473-46046-5
(für die Originalausgabe im Ravensburger Verlag)

www.mildenberger-verlag.de
ravensburger.com
www.leserabe.de

Inhalt

Keiner will Flummi

Jule und Mama gehen
durch den Park.
Vor einer Bank sitzt ein Hund
und winselt.

Es ist niemand in der Nähe.
„Wem gehörst du denn?“,
fragt Jule.
Der Hund winselt noch lauter.

Jule geht auf ihn zu.
Der Hund springt an ihr hoch.
Er wedelt mit dem Schwanz
und bellt vor Freude.

An seinem Halsband
hängt ein Zettel.
„Ich heiße Flummi“, steht darauf,
„nimm mich mit.“
„Au ja!“, ruft Jule.

„Das geht leider nicht“, sagt Mama.
„In unserem Haus sind doch
Tiere verboten.“

Was jetzt?
Flummi legt den Kopf schief.
„Wir bringen dich ins Tierheim“,
sagt Mama.

Im Tierheim kommt Flummi
in einen Käfig.
„Dein Herrchen holt dich
bestimmt bald ab“,
sagt Jule.

Aber am nächsten Tag
sitzt Flummi immer noch im Käfig.
Keiner will ihn zurückhaben.

„Er hat nichts gefressen“,
sagt die Pflegerin.
„Ist er krank?“,
fragt Jule erschrocken.

Die Pflegerin schüttelt den Kopf.
„Er ist einfach nur traurig“,
sagt sie. „Geh mal mit ihm Gassi.
Das gefällt ihm bestimmt.“

Das macht Jule sofort.
Auf dem Weg in den Park
hüpft und springt Flummi
wie ein Gummiball.

„Jetzt weiß ich,
warum du Flummi heißt!“,
ruft Jule.

Auf dem Rückweg zum Tierheim
hört Flummi auf zu springen.
Er lässt sich ziehen und winselt.
Er will nicht in den Käfig.
Er will auch nichts fressen.

„Der arme Flummi“, denkt Jule.

Am nächsten Tag bringt sie
eine große Tasche mit.
Nach dem Ausflug in den Park
packt sie Flummi einfach ein
und trägt ihn nach Hause.

Der heimliche Hund

„Aber Jule!“, sagt Jules Mama,
als sie Flummi sieht.
„Du weißt doch, dass wir
keine Haustiere haben dürfen.
Das steht im Mietvertrag.“

„Flummi ist unser heimlicher Hund“,
sagt Jule.
„Niemand wird von ihm erfahren.“

„Unmöglich.“
Auch Papa schüttelt den Kopf.
„Wenn Herr Knall Flummi sieht,
wird er furchtbar sauer.“

Herr Knall ist ihr Vermieter.
Ihm gehört das Haus.
Er wohnt über Jules Familie
und er ist sehr streng.

„Bitte, Mama! Bitte, Papa!
Wir können es doch mal versuchen.“
Jule bettelt so lange,
bis ihre Eltern nachgeben.

Flummi freut sich sehr,
dass er jetzt bei Jule wohnt.
Als sie ihm sein Futter gibt,
frisst er es ganz schnell auf.

Eine ganze Woche lang
geht alles gut.
Dann passiert etwas Schreckliches.

Jule war mit Flummi im Park.
Jetzt ist er in ihrer Tasche.
Sie steigt in den Aufzug
und drückt den Knopf.

Die Türen gehen zu,
aber im letzten Moment
steigt Herr Knall in den Lift.

So ein Mist!
Hoffentlich ist Flummi still!
Jule hält die Tasche ganz fest.

Herr Knall hat beste Laune.
„Ich habe beim Schachturnier
den ersten Platz gemacht.
Willst du mal meinen Preis sehen?“,
fragt er.

Als Jule nickt,
zieht er eine Münze aus der Tasche.
„Echtes Gold“, sagt Herr Knall.
„Toll“, sagt Jule.
„Wau, wau“, macht Flummi.

Erwischt!

„Was war das?“, fragt Herr Knall.
„Mein Magen“, schwindelt Jule.
Herr Knall glaubt ihr nicht.
„Das klang wie ein Hund.“

„Haha!“ Jule lacht laut.
„Hunde sind doch hier verboten.“
„Eben“, sagt der Vermieter.

Jetzt sind sie im dritten Stock.
„Tschüss dann!“, sagt Jule
und steigt aus dem Lift.

Puh! Alles noch mal gut gegangen!
Jule schließt die Wohnungstür auf
und lässt Flummi aus der Tasche.

„Wusste ich es doch!“,
ruft eine laute Stimme hinter ihr.
Jule fährt herum.
Da steht Herr Knall.

Er ist ebenfalls ausgestiegen und guckt voller Wut auf Flummi. „Entweder der Hund kommt weg oder ihr fliegt alle raus!“, schreit der Vermieter.

Und jetzt?
Mama und Papa sind ratlos.
Sie würden Flummi gern behalten,
aber sie brauchen
auch eine Wohnung.

„Flummi muss wieder ins Tierheim“,
sagt Mama. „Es geht nicht anders.“

Jules Augen sind rot geweint,
als sie am nächsten Tag
mit Flummi zum Tierheim geht.

Sie ist so wütend auf Herrn Knall.
Und plötzlich sieht sie ihn.

Er steht auf seinem Balkon,
hält seine Goldmünze in die Sonne
und bewundert sie.

Da passiert es.
Im Haus knallt eine Tür zu.

Der Hausbesitzer erschrickt
und lässt die Münze los.

Sie fällt runter auf den Gehweg
und rollt auf einen Gully zu.
O nein! Gleich ist sie weg!

Wachhund Flummi

Doch was ist das?
Flummi reißt sich einfach los.
Er rast der Münze nach
und schnappt sie im letzten Moment.

Da stürzt Herr Knall aus dem Haus.
Er rennt auf Flummi zu.
„Du Dieb! Her mit der Münze!“,
schreit er. „Sie gehört mir!“

Flummi lässt die Münze fallen.
Herr Knall greift sie sich,
sieht Jule grimmig an
und marschiert wieder ins Haus.

Jule und Flummi gehen zum Tierheim.
Flummi ist furchtbar traurig,
als er wieder in den Käfig muss.
Und Jule ist noch viel trauriger!

Aber am Abend klingelt es.
Als Jule die Tür aufmacht,
steht da Herr Knall.
Er hat Flummi an der Leine.
Die drückt er Jule in die Hand.

„Hier, bitte schön“, sagt er.
„Was?“, ruft Jule.
„Haustiere sind doch verboten!“

„Na ja.“ Herr Knall grinst verlegen.
„Die Leute im Haus haben erzählt,
was wirklich passiert ist.
Flummi hat meine Münze gerettet.“

„Und nun?“, fragt Jule.
„Darf er bleiben“, sagt Herr Knall.
„Jedes Haus braucht schließlich
einen Wachhund, der aufpasst,
dass nichts verschwindet.“

Da muss Jule wieder weinen,
aber diesmal vor Glück.
Und Flummi?
Der hüpft, so hoch er kann.
Deshalb heißt er ja auch Flummi!

Leserabe
Leserätsel

Rätsel 1

Seltsam, seltsam

Welches Wort stimmt? Kreuze an!

Am Halsband hängt ein
- ○ Zopf.
- ○ Zahn.
- ○ Zettel.

Herr Knall ist sehr
- ○ streng.
- ○ stark.
- ○ staubig.

Flummi kann die Münze
- ○ schlucken.
- ○ schnappen.
- ○ schieben.

Rätsel 2

Buchstaben heraushören

In welchen Wörtern hörst du den Buchstaben N? Kreuze an!

Ordne die Bilder den Sätzen zu!

Rätsel 3

A) Flummi springt an Jule hoch.

B) Jule lässt Flummi aus der Tasche.

C) Herr Knall steigt in den Aufzug.

1

2

3

Lösungen
Rätsel 1: Zettel, streng, schnappen, **Rätsel 2:** Münze, Sonne, Leine, **Rätsel 3:** 1B, 2C, 3A

Leserabe

Rabenpost

Rätsel 4

Rätsel für die Rabenpost

Fülle die Lücken aus. Trage die Buchstaben in die richtigen Kästchen ein. So findest du das Lösungswort für die Rabenpost heraus!

Jule geht mit Flummi

G	2	4		I

. (Seite 13)

Flummi springt wie ein

		M	M		5	6		3

. (Seite 14)

Jule hält die

		S	C	1	

ganz fest. (Seite 23)

Jedes Haus braucht einen

W				H		7	8

. (Seite 40)

Lösungswort

1	2	3	4	5	6	7	8

Hast du das Lösungswort herausgefunden?
Dann kannst du jetzt tolle Preise gewinnen.

Gib das Lösungswort auf der **Leserabe**-Website www.leserabe.de ein oder schick es mit der Post an folgende Adresse:

An den Leseraben
Rabenpost
Postfach 2007
88190 Ravensburg
Deutschland

* Wir verwenden die Daten der Einsender nur für das Gewinnspiel und nicht für weitere Zwecke. Alle weiteren Informationen zum Datenschutz und über unser Gewinnspiel findet ihr unter **www.leserabe.de**.

Leichter lesen lernen mit der
Silbenmethode

Durch die Kennzeichnung der einzelnen Silben in Rot und Blau lernen Kinder leichter lesen. Das gelingt so:

- Die einzelnen Wörter werden in Buchstabengruppen aufgeteilt. Diese kleinen Gruppen sind leichter zu erfassen als das ganze Wort.
- Die Buchstabengruppen sind ganz besondere Einheiten: Sie zeigen die **Sprech-Silben** an, den Schlüssel, um ein Wort richtig lesen und verstehen zu können.

Zum Beispiel können bei dem Wort „Giraffe“ auch die ersten drei Buchstaben „Gir“ als Gruppe gelesen werden: Gir - af - fe. Das könnte dann der Name einer besonderen Affenart sein.

Mit den farbigen Silben dagegen werden sofort die richtigen Buchstabengruppen erkannt: **Giraffe**. Beim Lesen ergibt sich automatisch der richtige Sinn: Es ist das Tier mit dem langen Hals gemeint.

Dadurch lesen alle Erstlesekinder leichter und besser – und auch die nicht so starken Kinder können schneller Erfolge erzielen.

Die farbigen Silben helfen aber nicht nur beim Lesen, sondern auch bei der **Rechtschreibung**. Das Erstlesekind nimmt von Anfang an die Silbengliederung der Wörter wahr – und kann so die richtige Schreibweise ableiten.

Die original Mildenberger Silbenmethode wird seit über einem Jahrzehnt an vielen Grundschulen unterrichtet und führt bei Kindern nachweislich zu schnellerem Leseerfolg.

Weitere Informationen zur Silbenmethode auf:
www.silbenmethode.de